Adon Olam אֲדוֹן עוֹלָם

Adon Olam recognizes the timelessness of God and God's relationship with us.
We put our spirits in God's hands and then have nothing to fear.

אֲדוֹן עוֹלָם אֲשֶׁר מָלַךְ בְּטֶרֶם כָּל יְצִיר נִבְרָא
לְעֵת נַעֲשָׂה בְחֶפְצוֹ כֹּל אֲזַי מֶלֶךְ שְׁמוֹ נִקְרָא

Adon olam asher malach b'terem kol y'tzir nivra
L'eit na'asah v'cheftzo kol azai Melech sh'mo nikra

וְאַחֲרֵי כִּכְלוֹת הַכֹּל לְבַדּוֹ יִמְלוֹךְ נוֹרָא
וְהוּא הָיָה וְהוּא הֹוֶה וְהוּא יִהְיֶה בְּתִפְאָרָה

V'acharei kichlot hakol l'vado yimloch nora
V'hu hayah v'hu hoveh v'hu yih'yeh b'tifarah

וְהוּא אֶחָד וְאֵין שֵׁנִי לְהַמְשִׁיל לוֹ לְהַחְבִּירָה
בְּלִי רֵאשִׁית בְּלִי תַכְלִית וְלוֹ הָעֹז וְהַמִּשְׂרָה

V'hu echad v'ein sheini l'hamshil lo l'hachbirah
B'li reishit b'li tachlit v'lo ha'oz v'hamisrah

וְהוּא אֵלִי וְחַי גֹּאֲלִי וְצוּר חֶבְלִי בְּעֵת צָרָה
וְהוּא נִסִּי וּמָנוֹס לִי מְנָת כּוֹסִי בְּיוֹם אֶקְרָא

V'hu Eili v'chai go'ali v'tzur chevli b'eit tzarah
V'hu nisi umanos li m'nat kosi b'yom ekra

בְּיָדוֹ אַפְקִיד רוּחִי בְּעֵת אִישַׁן וְאָעִירָה
וְעִם רוּחִי גְּוִיָּתִי יְיָ לִי וְלֹא אִירָא

B'yado afkid ruchi b'eit ishan v'a'irah
V'im ruchi g'viy'ati Adonai li v'lo ira

Please rise and face the Ark.

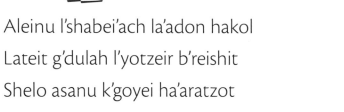

Aleinu עָלֵינוּ

In Aleinu we praise God for making us different than others in the world.
We bend our knees and bow to thank God, the Holy One.

Aleinu l'shabei'ach la'adon hakol	עָלֵינוּ לְשַׁבֵּחַ לַאֲדוֹן הַכֹּל
Lateit g'dulah l'yotzeir b'reishit	לָתֵת גְּדֻלָּה לְיוֹצֵר בְּרֵאשִׁית
Shelo asanu k'goyei ha'aratzot	שֶׁלֹּא עָשָׂנוּ כְּגוֹיֵי הָאֲרָצוֹת
V'lo samanu k'mishp'chot ha'adamah	וְלֹא שָׂמָנוּ כְּמִשְׁפְּחוֹת הָאֲדָמָה
Shelo sam chelkeinu kahem	שֶׁלֹּא שָׂם חֶלְקֵנוּ כָּהֶם
V'goraleinu k'chol hamonam	וְגֹרָלֵנוּ כְּכָל הֲמוֹנָם

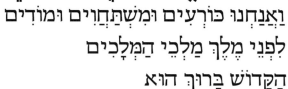

Va'anachnu kor'im u'mishtachavim u'modim	וַאֲנַחְנוּ כּוֹרְעִים וּמִשְׁתַּחֲוִים וּמוֹדִים
Lifnei Melech malchei hamlachim	לִפְנֵי מֶלֶךְ מַלְכֵי הַמְּלָכִים
Hakadosh baruch hu	הַקָּדוֹשׁ בָּרוּךְ הוּא

Please be seated.

On Yom Kippur We Say We're Sorry

On Yom Kippur we say we're sorry to our friends and to our family
On Yom Kippur we say we're sorry to our friends and to our family
It means that we will do the best we can
Not to make the same mistakes again
It means that we will do the best we can
Not to make the same mistakes again

CONCLUDING PRAYERS

The order of the concluding prayers varies among different congregations.

Ein Keiloheinu אֵין כֵּאלֹהֵינוּ

We thank and praise God and say that there is none like our God.

Ein Keiloheinu, ein Kadoneinu	אֵין כֵּאלֹהֵינוּ, אֵין כַּאדוֹנֵינוּ
Ein K'malkeinu, ein K'moshi'einu	אֵין כְּמַלְכֵּנוּ, אֵין כְּמוֹשִׁיעֵנוּ
Mi Cheiloheinu, mi Chadoneinu	מִי כֵאלֹהֵינוּ, מִי כַאדוֹנֵינוּ
Mi Ch'malkeinu, mi Ch'moshi'einu	מִי כְמַלְכֵּנוּ, מִי כְמוֹשִׁיעֵנוּ
Nodeh Leiloheinu, nodeh Ladoneinu	נוֹדֶה לֵאלֹהֵינוּ, נוֹדֶה לַאדוֹנֵינוּ
Nodeh L'malkeinu, nodeh L'moshi'einu	נוֹדֶה לְמַלְכֵּנוּ, נוֹדֶה לְמוֹשִׁיעֵנוּ
Baruch Eloheinu, baruch Adoneinu	בָּרוּךְ אֱלֹהֵינוּ, בָּרוּךְ אֲדוֹנֵינוּ
Baruch Malkeinu, baruch Moshi'einu	בָּרוּךְ מַלְכֵּנוּ, בָּרוּךְ מוֹשִׁיעֵנוּ
Atah hu Eloheinu, atah hu Adoneinu	אַתָּה הוּא אֱלֹהֵינוּ, אַתָּה הוּא אֲדוֹנֵינוּ
Atah hu Malkeinu, atah hu Moshi'einu	אַתָּה הוּא מַלְכֵּנוּ, אַתָּה הוּא מוֹשִׁיעֵנוּ
Atah hu she'hiktiru avoteinu	אַתָּה הוּא שֶׁהִקְטִירוּ אֲבוֹתֵינוּ
L'fanecha et k'toret hasamim	לְפָנֶיךָ אֶת קְטֹרֶת הַסַּמִּים

What's That Sound?

What's that sound, that sound I hear?
The Shofar is blowing, Rosh Hashanah is here
What's that sound, that sound I hear?
The Shofar is blowing, have a happy New Year

T'ki'ah, Sh'varim, T'ru'ah, T'ki'ah G'dolah

Please rise and face the Ark.

Eitz Chayim Hi עֵץ חַיִּים הִיא

In this prayer we compare the Torah to a tree of life for those who embrace it. We ask for help returning to God.

Eitz chayim hi

Lamachazikim bah

V'tom'cheha m'ushar

D'racheha darchei no'am

V'chol n'tivoteha shalom

Hashiveinu Adonai eilecha v'nashuvah

Chadeish yameinu k'kedem

עֵץ חַיִּים הִיא

לַמַּחֲזִיקִים בָּהּ

וְתֹמְכֶיהָ מְאֻשָּׁר

דְּרָכֶיהָ דַרְכֵי נֹעַם

וְכָל נְתִיבֹתֶיהָ שָׁלוֹם

הֲשִׁיבֵנוּ יְיָ אֵלֶיךָ וְנָשׁוּבָה

חַדֵּשׁ יָמֵינוּ כְּקֶדֶם

Please be seated.

Tapuchim Ud'vash L'Rosh Hashanah תַּפּוּחִים וּדְבַשׁ לְרֹאשׁ הַשָּׁנָה

Apples dipped in honey for a sweet new year x2
A good new year, a sweet new year x2
Apples dipped in honey for a sweet new year

Tapuchim ud'vash l'Rosh Hashanah x2	2x תַּפּוּחִים וּדְבַשׁ לְרֹאשׁ הַשָּׁנָה
Shanah tovah, shanah m'tukah x2	2x שָׁנָה טוֹבָה, שָׁנָה מְתוּקָה
Tapuchim u'dvash l'Rosh Hashanah	תַּפּוּחִים וּדְבַשׁ לְרֹאשׁ הַשָּׁנָה

SHOFAR SERVICE

Traditionally, the shofar service is included only on Rosh Hashanah.
In some communities it is not said on Shabbat.
Please rise.

Shofar Blessings

We praise God for the commandment to hear the sound of the shofar.

Baruch Atah Adonai Eloheinu Melech ha'olam	בָּרוּךְ אַתָּה יְיָ אֱלֹהֵינוּ מֶלֶךְ הָעוֹלָם
Asher kid'shanu b'mitzvotav v'tzivanu	אֲשֶׁר קִדְּשָׁנוּ בְּמִצְוֹתָיו וְצִוָּנוּ
Lishmo'a kol shofar	לִשְׁמוֹעַ קוֹל שׁוֹפָר

We praise God for bringing us to this time of year.

Baruch Atah Adonai Eloheinu Melech ha'olam	בָּרוּךְ אַתָּה יְיָ אֱלֹהֵינוּ מֶלֶךְ הָעוֹלָם
Shehecheyanu v'kiy'manu v'higiy'anu	שֶׁהֶחֱיָנוּ וְקִיְּמָנוּ וְהִגִּיעָנוּ
Laz'man hazeh	לַזְּמַן הַזֶּה

Please be seated after the blowing of the shofar.

TORAH SERVICE

Please rise and face the Ark.

Vay'hi Binso'a Ha'aron   וַיְהִי בִּנְסֹעַ הָאָרֹן

When the Ark traveled with the Israelites through the desert, Moses would say that, with God's strength, God's enemies would be scattered. The Torah will go forth from Zion and God's word from Jerusalem. We praise God for giving us the Torah.

Vay'hi binso'a ha'aron vayomer Moshe	וַיְהִי בִּנְסֹעַ הָאָרֹן וַיֹּאמֶר מֹשֶׁה
Kumah Adonai v'yafutzu oy'vecha	קוּמָה יְיָ וְיָפֻצוּ אֹיְבֶיךָ
V'yanusu m'sanecha mipanecha	וְיָנֻסוּ מְשַׂנְאֶיךָ מִפָּנֶיךָ
Ki miTziyon teitzei Torah x2	2x כִּי מִצִּיּוֹן תֵּצֵא תוֹרָה
Ud'var Adonai miY'rushalayim	וּדְבַר יְיָ מִירוּשָׁלָיִם
Baruch shenatan Torah Torah x2	2x בָּרוּךְ שֶׁנָּתַן תּוֹרָה תּוֹרָה
L'amo Yisrael bik'dushato	לְעַמּוֹ יִשְׂרָאֵל בִּקְדֻשָּׁתוֹ

Torah Tzivah Lanu Moshe   תּוֹרָה צִוָּה לָנוּ מֹשֶׁה

We rejoice that Moses received the Torah, which God commands us to follow.

Torah Torah Torah	תּוֹרָה תּוֹרָה תּוֹרָה
Torah Torah Torah	תּוֹרָה תּוֹרָה תּוֹרָה
Torah tzivah lanu Moshe	תּוֹרָה צִוָּה לָנוּ מֹשֶׁה

(repeat above 3 lines)

Torah Torah Torah Torah	תּוֹרָה תּוֹרָה תּוֹרָה תּוֹרָה
Torah tzivah lanu Moshe	תּוֹרָה צִוָּה לָנוּ מֹשֶׁה

(repeat above 2 lines)

Please be seated.

Ashamnu is said only on Yom Kippur. Please rise.

Ashamnu אָשַׁמְנוּ

We acknowledge that we are not perfect and that we have fallen short of our best selves during the past year. Now it is time to look inward and list our possible misdeeds such as dishonesty, gossiping, vanity, selfishness, and acting unjustly.

Ashamnu, bagadnu, gazalnu, dibarnu dofi	אָשַׁמְנוּ, בָּגַדְנוּ, גָּזַלְנוּ, דִּבַּרְנוּ דֹפִי
He'evinu, v'hirshanu, zadnu, chamasnu, tafalnu sheker	הֶעֱוִינוּ, וְהִרְשַׁעְנוּ, זַדְנוּ, חָמַסְנוּ, טָפַלְנוּ שֶׁקֶר
Ya'atznu ra, kizavnu, latznu, maradnu, ni'atznu, sararnu, avinu, pashanu, tzararnu, kishinu oref	יָעַצְנוּ רָע, כִּזַּבְנוּ, לַצְנוּ, מָרַדְנוּ, נִאַצְנוּ, סָרַרְנוּ, עָוִינוּ, פָּשַׁעְנוּ, צָרַרְנוּ, קִשִּׁינוּ עֹרֶף
Rashanu, shichatnu, ti'avnu, ta'inu, ti'tanu	רָשַׁעְנוּ, שִׁחַתְנוּ, תִּעַבְנוּ, תָּעִינוּ, תִּעְתָּעְנוּ

In some communities, Avinu Malkeinu is not said on Shabbat. Please rise or remain standing.

Avinu Malkeinu אָבִינוּ מַלְכֵּנוּ

In this prayer we acknowledge our weaknesses. We ask God for help and to forgive our sins.

Avinu Malkeinu choneinu va'aneinu x2	אָבִינוּ מַלְכֵּנוּ חָנֵּנוּ וַעֲנֵנוּ 2x
ki ein banu ma'asim	כִּי אֵין בָּנוּ מַעֲשִׂים
Aseih imanu tz'dakah vachesed	עֲשֵׂה עִמָּנוּ צְדָקָה וָחֶסֶד
Aseih imanu tz'dakah vachesed v'hoshi'einu	עֲשֵׂה עִמָּנוּ צְדָקָה וָחֶסֶד וְהוֹשִׁיעֵנוּ

Please be seated.

Dear God

Dear God, Dear God
Help me to be kind and good
Do to others as I should
In my work and in my play
To grow more loving every day
Dear God, Dear God

Sh'ma שְׁמַע

The people of Israel are told to hear as the Sh'ma proclaims God's oneness and God's greatness forever.

Sh'ma Yisrael Adonai Eloheinu Adonai echad	שְׁמַע יִשְׂרָאֵל יְיָ אֱלֹהֵינוּ יְיָ אֶחָד
Baruch sheim k'vod malchuto l'olam va'ed	בָּרוּךְ שֵׁם כְּבוֹד מַלְכוּתוֹ לְעוֹלָם וָעֶד

Here we are instructed to love God with all of our heart, might, and soul. We are told to teach these words to our children, to think of them wherever we are, before we go to sleep and when we wake up. We are to wear reminders of these words on our hands and head. We are to write them on our doorposts and gates.

V'ahavta et Adonai Elohecha	וְאָהַבְתָּ אֵת יְיָ אֱלֹהֶיךָ
b'chol l'vav'cha uv'chol nafsh'cha uv'chol m'odecha	בְּכָל לְבָבְךָ וּבְכָל נַפְשְׁךָ וּבְכָל מְאֹדֶךָ
V'hayu had'varim ha'eileh	וְהָיוּ הַדְּבָרִים הָאֵלֶּה
asher anochi m'tzavcha hayom al l'vavecha	אֲשֶׁר אָנֹכִי מְצַוְּךָ הַיּוֹם עַל לְבָבֶךָ
V'shinantam l'vanecha v'dibarta bam	וְשִׁנַּנְתָּם לְבָנֶיךָ וְדִבַּרְתָּ בָּם
B'shivt'cha b'veitecha uv'lecht'cha vaderech	בְּשִׁבְתְּךָ בְּבֵיתֶךָ וּבְלֶכְתְּךָ בַדֶּרֶךְ
Uv'shochb'cha uv'kumecha	וּבְשָׁכְבְּךָ וּבְקוּמֶךָ
Uk'shartam l'ot al yadecha	וּקְשַׁרְתָּם לְאוֹת עַל יָדֶךָ
V'hayu l'totafot bein einecha	וְהָיוּ לְטֹטָפֹת בֵּין עֵינֶיךָ
Uch'tavtam al m'zuzot beitecha uvish'arecha	וּכְתַבְתָּם עַל מְזֻזוֹת בֵּיתֶךָ וּבִשְׁעָרֶיךָ

Please rise and face the Ark.

Bar'chu בָּרְכוּ

In Bar'chu, we praise God as the source of all blessings for all time.
We praise God, Creator of light and darkness, Maker of Peace, and Creator of all things.

Leader:

Bar'chu et Adonai ha'm'vorach

בָּרְכוּ אֶת יְיָ הַמְבֹרָךְ

Congregation:

Baruch Adonai ha'm'vorach
l'olam va'ed

בָּרוּךְ יְיָ הַמְבֹרָךְ לְעוֹלָם וָעֶד

Leader:

Baruch Adonai ha'm'vorach
l'olam va'ed

בָּרוּךְ יְיָ הַמְבֹרָךְ לְעוֹלָם וָעֶד

Leader & Congregation:

Baruch Atah Adonai
Eloheinu Melech ha'olam
yotzeir or uvorei choshech
oseh shalom uvorei et hakol

בָּרוּךְ אַתָּה יְיָ
אֱלֹהֵינוּ מֶלֶךְ הָעוֹלָם
יוֹצֵר אוֹר וּבוֹרֵא חֹשֶׁךְ
עֹשֶׂה שָׁלוֹם וּבוֹרֵא אֶת הַכֹּל

Please be seated.

Hal'lu הַלְלוּ

In Hal'lu, we praise God in different ways.
We sing of praising God with musical instruments, such as flutes and cymbals.
We marvel that the breath of every creature praises God.

Hal'luyah, hal'luyah	הַלְלוּיָהּ הַלְלוּיָהּ
Hal'luyah, hal'luyah	הַלְלוּיָהּ הַלְלוּיָהּ
Hal'lu, hal'lu Eil b'kodsho	הַלְלוּ הַלְלוּ אֵל בְּקָדְשׁוֹ
Hal'luhu, hal'luhu birki'a uzo	הַלְלוּהוּ הַלְלוּהוּ בִּרְקִיעַ עֻזּוֹ
Hal'luhu, hal'luhu	הַלְלוּהוּ הַלְלוּהוּ
Hal'luhu, hal'luhu	הַלְלוּהוּ הַלְלוּהוּ
Hal'luhu, hal'luhu bigvurotav,	הַלְלוּהוּ הַלְלוּהוּ בִּגְבוּרֹתָיו
Hal'luhu, hal'luhu k'rov gudlo	הַלְלוּהוּ הַלְלוּהוּ כְּרֹב גֻּדְלוֹ
Hal'luhu, hal'luhu	הַלְלוּהוּ הַלְלוּהוּ
Hal'luhu, hal'luhu	הַלְלוּהוּ הַלְלוּהוּ
Hal'luhu, hal'luhu b'teika shofar	הַלְלוּהוּ הַלְלוּהוּ בְּתֵקַע שׁוֹפָר
Hal'luhu, hal'luhu b'neivel v'chinor	הַלְלוּהוּ הַלְלוּהוּ בְּנֵבֶל וְכִנּוֹר
Hal'luhu, hal'luhu	הַלְלוּהוּ הַלְלוּהוּ
Hal'luhu, hal'luhu	הַלְלוּהוּ הַלְלוּהוּ
Hal'luhu, hal'luhu b'tof umachol,	הַלְלוּהוּ הַלְלוּהוּ בְּתֹף וּמָחוֹל
Hal'luhu, hal'luhu b'minim v'ugav	הַלְלוּהוּ הַלְלוּהוּ בְּמִנִּים וְעֻגָב
Hal'luhu, hal'luhu	הַלְלוּהוּ הַלְלוּהוּ
Hal'luhu, hal'luhu	הַלְלוּהוּ הַלְלוּהוּ
Hal'luhu, hal'luhu b'tziltz'lei shama,	הַלְלוּהוּ הַלְלוּהוּ בְּצִלְצְלֵי שָׁמַע
Hal'luhu, hal'luhu b'tziltz'lei t'ru'ah	הַלְלוּהוּ הַלְלוּהוּ בְּצִלְצְלֵי תְרוּעָה
Kol ha'n'shamah t'haleil Yah, hal'luyah	כֹּל הַנְּשָׁמָה תְּהַלֵּל יָהּ הַלְלוּיָהּ
Kol ha'n'shamah t'haleil Yah, hal'luyah	כֹּל הַנְּשָׁמָה תְּהַלֵּל יָהּ הַלְלוּיָהּ

WELCOME

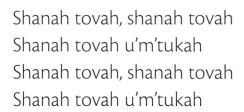

Shanah Tovah U'm'tukah שָׁנָה טוֹבָה וּמְתוּקָה

May we all have a sweet and happy New Year.

Shanah tovah, shanah tovah שָׁנָה טוֹבָה, שָׁנָה טוֹבָה
Shanah tovah u'm'tukah שָׁנָה טוֹבָה וּמְתוּקָה
Shanah tovah, shanah tovah שָׁנָה טוֹבָה, שָׁנָה טוֹבָה
Shanah tovah u'm'tukah שָׁנָה טוֹבָה וּמְתוּקָה

Yai dai dai dai, yai dai dai dai dai
Yai dai dai dai, yai dai dai dai
Yai dai dai dai, yai dai dai dai dai

Shanah tovah u'm'tukah שָׁנָה טוֹבָה וּמְתוּקָה

MORNING PRAYERS

Mah Tovu מַה טֹּבוּ

Mah Tovu tells of the beauty of the tents of Israel as a metaphor for the beauty of the community of Israel.

Mah tovu מַה טֹּבוּ
Ohalecha Ya'akov אֹהָלֶיךָ יַעֲקֹב
Mishk'notecha Yisrael מִשְׁכְּנֹתֶיךָ יִשְׂרָאֵל

מַחֲזוֹר קָטָן
Machzor Katan

High Holiday Prayer Book
For Families With Young Children

by
Jaime Lewis
with **Michelle V. Katz**

Editorial Committee:
Rabbi Martin S. Cohen
Rabbi Michael S. Friedman
Rabbi Mark H. Levine

ISBN: 978-0-87441-910-8
©2012 by KidsCan Music LLC
Design and Art: Project Design LLC
Project Editor: Terry S. Kaye
Manufactured in the United States of America

Behrman House, Inc.
www.behrmanhouse.com